LES DETERMINANTS DE L'ECONOMIE EN REPUBLIQUE DU CONGO (CONGO-BRAZZAVILLE)

Par KAOMBA MUTUMBA Jean Bosco

CIP a Camerei Naţionale a Cărţii

Kaomba Mutumba, Jean Bosco.

Les determinants de l'economie en Republique du Congo (Congo-Brazzaville) / Par Kaomba Mutumba Jean Bosco. – Chişinău : Generis Publishing, 2020 (Print on demand). – 38 p.

Referinţe bibliogr.: p. 37-38 (12 tit.) şi în subsol.

ISBN 978-9975-153-94-2.

338(672.4)

K 20

Cover image: www.pixabay.com

Generis Publishing

Online orders: www.generis-publishing.com

Orders by email: info@generis-publishing.com

SOMMAIRE

RESUME...3

INTRODUCTION GENERALE 5

I. PRESENTATION ECONOMIQUE DE LA REPUBLIQUE DU CONGO (CONGO-BRAZZAVILLE)...11

    A.   LA SITUATION GEOGRAPHIQUE...11

    B.   LA SITUATION ADMINISTRATIVE...12

    C.   LA SITUATION SOCIO DEMOGRAPHIQUE 13

    D.   LES ATOUTS ECONOMIQUES 14

    E.   LA VISION : « LA MARCHE VERS LE DEVELOPPEMENT ALLONS PLUS LOIN ENSEMBLE » 17

    F.   LES ENGAGEMENTS INTERNATIONAUX 18

II. LES PERSPECTIVES MACROECONOMIQUES 2018-2022. 29

    II.1. LES RISQUES 32

CONCLUSION GENERALE..35

RESUME

L'économie de la république du Congo-Brazzaville repose principalement sur l'exploitation des hydrocarbures le long de la côte atlantique. Le bois, les services et une agriculture embryonnaire constituant le reste de l'activité. Le Congo-Brazzaville est un pays en développement inclus dans l'initiative pays pauvre très endettés (IPPTE).

Les deux piliers de l'exportation sont le bois et le pétrole, tous deux exploiter principalement par des compagnies françaises qui versent en contrepartie des devises très importantes à l'Etat.

Le bois représente une part importante des exportations du Congo-Brazzaville : Acajou, Okoumé, Limba, etc...

L'activité industrielle repose sur la production des biens de consommation : le tabac, le ciment, le textile, le savon, les boissons alcoolisées, les chaussures, etc...

Plus de 95% du commerce et aux mains des étrangers ou de personnes d'origine étrangères.

INTRODUCTION GENERALE

La nécessité de la diversification de l'économie congolaise (Congo-Brazzaville) est connue de tous et depuis bien des années. Les autorités responsables comme les autres acteurs et parties prenantes ont eu à l'affirmer et n'arrêtent de le répéter[1]. Il se fait cependant que les efforts réels de diversification sont peu évidents et n'ont pas encore donné des résultats tangibles.

Dans le discours répandu sur le besoin de diversifier les sources de croissance, la stratégie de diversification est prônée tantôt comme diversification des exportations pour saisir les opportunités de la mondialisation tantôt comme élargissement des filières d'exploitation des ressources naturelles dont dispose le pays mais comme lignes parallèles destinées principalement à l'exportation, ou les deux à la fois.

La diversification des déterminants de l'économie au Congo-Brazzaville dont il est question ici est la construction d'un tissu économique, intégré reposant sur des ressorts internes solides sur les plans aussi bien économique que sociale.

Une stratégie de diversification est donc une entreprise complexe. Elle est dans son bien-fondé, une réponse de politique développementaliste à une situation aussi complexe, celle de la vulnérabilité de l'économie du Congo-Brazzaville.

---

[1] Présidence de la République, Bilan (1960-2010) et perspective de développement économique social et culturel de la République du Congo-Brazzaville, juin 2011.

C'est en tout cela que la présente étude va apporter sa contribution. Son objectif premier est en effet de donner des bases à la formulation de la stratégie de diversification et au schéma directeur de la mise en œuvre à travers des programmes opérationnels en menant une analyse de la vulgarité de l'économie du Congo-Brazzaville dans une perspective plus large.

- **Problème et justification de l'étude**

Forgé dans la logique de la mise en valeur coloniale pour remplir les objectifs qui lui étaient assignés, l'économie du Congo-Brazzaville a été progressivement transformée en une économie de rente basée sur la production et l'exportation de ressources naturelles brutes. Cette logique d'une économie non véritablement nationale mais essentiellement appendice de l'économie de la métropole ou aujourd'hui de l'économie mondiale a continué et s'est renforcé avec l'entrée du Congo dans l'ère pétrolière. Cette dernière a été d'une certaine manière le début d'un abandon progressif des autres secteurs de l'activité économique consacrant ainsi la petro-dépendance de l'économie du Congo-Brazzaville.

- **Objectifs poursuivis :** les objectifs poursuivis dans cet articles sont les suivants :
1) Faire une présentation approfondie des déterminants de l'économie du Congo-Brazzaville afin d'engager les atouts capables de provoquer la création de richesse, la diversification de sa base productive, la productivité sectorielle, les échanges inter branches, la capacité à tirer avantage de la mondialisation.
2) Identifier et analyser les dimensions et les facteurs externes et internes de vulnérabilités de l'économie du Congo-Brazzaville ,qu'il soient facteurs de base ou facteurs d'amplification ainsi que leurs effets qui mis ensemble, fragilisent cette économie.

3) Faire des recommandations des politiques à mettre en œuvre à court, moyen et long terme pour réduire à un niveau minimum la vulnérabilité de l'économie du Congo-Brazzaville.

- **Approche méthodologique :**

Pour mener cette étude, nous avons adopté une approche dimensionnelle ci-après :

a) Collecte de la documentation :

Une recherche documentaire aussi large que possible

b) Mode de rédaction et itération scientifique personnel :

La rédaction a été conduite sur un mode de construction individuel et scientifique.

c) Intégration de la perspective régionale :

Bien que centré sur le cadre national de l'économie du Congo-Brazzaville, l'approche méthodologique a tenu à intégrer la dimension régional à l'analyse ainsi que le contexte mondiale dans lequel baigne l'économie du Congo-Brazzaville.

d) Appropriation nationale de l'étude

Cette démarche méthodologique se situe dans une gouvernance économique de développement dont le contexte de base est celui de l'économie libérale. Une telle gouvernance est caractérisée par les efforts de remise en cause du cadre d'une économie d'exportation de type cueillette et extraction ,efforts de sortie d'une situation de gestion de l'héritage historique d'une économie de rente d'exploitation très vulnérable, vers la construction d'une économie à ressorts et piliers structurels internes solides.

- **Structure de l'étude :**

Hormis l'introduction générale et la conclusion générale, cette étude est structurée en deux points à savoir : la présentation de l'économie en république du Congo (Congo-Brazzaville), subdivisé en six sous-points et les perspectives macroéconomique 2018-2022.

I. PRESENTATION ECONOMIQUE DE LA REPUBLIQUE DU CONGO (CONGO-BRAZZAVILLE)

A. LA SITUATION GEOGRAPHIQUE

Située en Afrique central, la République du Congo-Brazzaville s'étend sur une superficie de 342 000 km². Elle est pourvue d'une façade maritime de 170 km sur l'Océan Atlantique et limitée au nord par le Cameroun et la Centrafrique, au Sud par la République Démocratique du Congo et l'Angola (enclave du Cabinda), au sud-ouest par l'Océan Atlantique, à l'Est par le fleuve Congo et son affluent L'Oubangui qui le séparent de la République démocratique du Congo et à l'ouest par le Gabon.

Son relief est essentiellement constitué du bassin sédimentaire du fleuve Congo et des roches anciennes. Son point le plus élevé est le Mont Nabemba, culminant à 1 040 m, dans le département de la Sangha.

Le Congo est traversé par deux types de végétation :

- La forêt, qui couvre près des deux tiers du territoire national (65%) , est localisée dans le sud (massifs du Chaillu et du Mayombe), au nord-est (forêt inondée) et au nord-ouest (forêt exondée) ;
- La savane, qui s'étend de la vallée du Niari au Plateau Central, occupe le tiers du territoire national.

A cheval sur l'équateur, la République du Congo a un climat chaud et humide. La partie septentrionale du pays se caractérise par un climat de type équatorial avec des pluies étalées quasiment tout au long de l'année. On distingue deux saisons de pluies et deux saisons sèches :

- Une grande saison de pluies entre octobre et décembre et une petite entre avril et mai d'une part ;
- Et une grande saison sèche entre juin et août et une petite entre janvier et mars d'autre part.

Le sud-ouest a un climat tropical humide caractérisé par une saison sèche de trois mois (Juin à août) tandis que la partie centrale du pays à une position intermédiaire avec un climat subéquatorial.

Le Congo est doté d'un réseau hydrographique important. On note, principalement, la présence du fleuve Congo qui, avec un débit de 40 000m^3 en moyenne, est le plus puissant au monde après l'Amazone ; en outre, le pays est arrosé par plusieurs affluents de ce grand fleuve dont les plus importants sont, dans la partie septentrionale, l'Oubangui, la Sangha, la Likouala-Mossaka, l'Alima et la Nkéni et, dans la partie méridionale, la Léfini, le Djoué et la Loufoulakari.

B. LA SITUATION ADMINISTRATIVE

Le Congo est subdivisé en 12 départements à savoir : Kouilou, Niari, Bouenza, Lékoumou, Pool, Plateaux, Cuvette-Ouest, Sangha, Likouala, Brazzaville et Pointe-Noire. Ses principales communes sont : Brazzaville (Capitale politique), Pointe-Noire (Capital économique), Dolisie, Nkayi, Mossendjo et Ouesso.

La langue officielle du Congo est le français ; les langues nationales sont le lingala et le Kituba.

C. *LA SITUATION SOCIO DEMOGRAPHIQUE*

La République du Congo a une population évaluée à 3 697 490 habitants lors du quatrième Recensement général de la population et de l'habitat d'avril 2007.

Elle est estimée à 5 203 073 d'habitants en 2018, dont 51% de femmes. Avec un taux de croissance de 3%. Sa population est majoritairement jeune, plus de 4 personnes sur 10 (47,7%) ont moins de 20 ans.

Le pays est faiblement peuplé, avec une densité moyenne de 15 habitants au km² et moins de 2 habitants au km² en dehors des deux grandes villes, Brazzaville et Pointe-Noire, qui concentrent à elles seules les deux tiers de la population congolaise[2].

L'espérance de vie à la naissance demeure encore à un niveau relativement faible (51,9 ans en 2015), ce qui est proche de la moyenne des pays d'Afrique subsaharienne. Le taux de mortalité maternelle est de 436 décès pour 100 000 naissances vivants en 2015, alors que le taux de mortalité néonatale est de 21 décès pour 1000 naissances vivantes et le taux de mortalité infantile de 56,40 pour 1 000 naissances vivantes selon l'Enquête par grappes à indicateurs multiples (MICS 2014-2015).

---

[2] PIDIKA MUKAWA Didier et TCHOUASSI Gérard (édit) Afrique Central, crise économiques et mécanismes de suivie, CODESRIA, Dakar 2015.

Le Congo est un pays à revenu intermédiaire, tranche inférieure, et dont la proportion de la population vivant en dessous du seuil de pauvreté est passée de 50,7% en 2005 à 46,5% en 2012 selon l'Enquête congolaise auprès des ménages (ECOM 2012). Cette tendance baissière s'est poursuivie jusqu'en 2014 où le taux de pauvreté a atteint 35%. Cependant, avec la crise économique, la pauvreté s'est aggravée et le taux est remonté à son niveau des années 2011-2012.

D. LES ATOUTS ECONOMIQUES

Le Congo est fortement doté en ressources naturelles. Il est en grande partie couvert de forêt tropicales bénéficiant de fortes précipitations (moyenne annuelle nationale : 1650mm) relativement stable et de vastes terres arables recouvrant environ un tiers de son territoire[3].

Le pays dispose d'un littoral qui s'étend sur environ 170km le long de l'océan atlantique, abritant un port en eaux profondes, et contrôle une zone marine s'étendant jusqu'à 200 miles nautiques dans l'océan. Il ouvre l'accès à la mer à deux pays enclavés d'Afrique centrale (Tchad et Centrafrique). Cet accès à la mer lui confère un rôle géostratégique majeur en ce qui concerne l'entrée et la sortie des marchandises[4].

---

[3] KIYINDOU Alain (Edit), communication pour le développement : Analyse critique des dispositifs et pratiques professionnels au Congo-Brazzaville, EME, Fernelmont, 2018.
[4] Ministère du plan et de l'aménagement du territoire économique et du NE-PAD, Schéma national d'Aménagement du territoire de la République du Congo-Brazzaville Août 2005.

Le Congo dispose également d'un réseau hydrographique très développé, d'un climat propice à l'agriculture, d'une biodiversité d'importance mondiale et de ressources minérales. Ses forêts représentant la troisième étendue forestière d'Afrique et constituent un important stock de carbone.

Le Congo a toujours été un important producteur de bois durs tropicaux. Les principaux produits forestiers incluent les grumes, mais le pays exporte également un volume limité de bois sciés et de panneaux à base de bois. La production forestière fournit également du bois de chauffe, du charbon de bois, des produits forestiers non ligneux, des aliments et des médicaments. Le pays dispose d'un fort potentiel de croissance dans les secteurs des produits alimentaires et des cultures commerciales[5].

La République du Congo est dotée d'une grande diversité de ressources naturelles qui représentent un grand potentiel de développement économique. Le pétrole, le bois, la potasse, le magnésium, le gaz naturel, l'hydroélectricité et le minerai de fer ne sont que quelques-unes des ressources naturelles sur lesquelles le Congo peut compter pour son développement.

L'essor de l'industrie extractive, la découverte de nouvelles ressources et le contexte international ont été les facteurs déterminants de l'évolution de la structure de l'économie congolaise.

---

[5] Ministère de l'agriculture et de l'élevage, cadre opérationnel de mise en œuvre du programme national pour la sécurité alimentaire (PNSA) 2015-2016, Brazzaville, 2016, stratégie.

Le Congo possède d'importantes réserves de pétrole. Selon l'administration Américaine de l'information sur l'énergie (EIA, 2014), les réserves prouvées de pétrole du Congo sont évaluées à 1,6 milliard de barils, la quatrième plus grande réserve prouvée de pétrole de l'Afrique subsaharienne.

Le pays détient également des ressources importantes en sables bitumineux (sables imprégnés de bitumes) dans la région côtière du Kouilou.

Outre le pétrole, le Congo dispose de réserves prouvées de gaz naturel qui pourraient faire l'objet d'une exploitation à terme.

Le Congo possède un potentiel minéralier dont un gisement de fer classé parmi les plus grands d'Afrique occidentale et centrale. L'industrie minière du Congo comprend également la production de ciment, de potasse, de diamant et d'or.

De manière générale, les richesses naturelles du Congo sont considérables et pourraient l'aider à diversifier son économie actuellement centrée sur le pétrole (ITIE, 2013). En effet, le stock des richesses naturelles du pays (estimé à 14 679 USD par habitant en 2005) est supérieur à la moyenne des pays de l'Afrique subsaharienne (3 900 USD par habitant) et supérieur à la moyenne des pays à revenu intermédiaire tranche inférieure (4 357 USD par habitant).

E. LA VISION : « LA MARCHE VERS LE DEVELOPPEMENT ALLONS PLUS LOIN ENSEMBLE »

« La marche vers le développement – Allons plus loin ensemble «, le projet de société du président de la République à l'élection présidentielle de 2016, devenu programme du Gouvernement, est organisée en six axes[6] :

- Mettre les femmes et les hommes au cœur du développement ;
- Conforter le rôle stratégique de l'Etat dans l'économie et la sphère sociale ;
- Consolider et pérenniser la croissance économique inclusive par la diversification et les réformes économiques ;
- Préparer les jeunes à l'emploi par la formation qualifiante ;
- Arrimer le Congo au développement de l'économie numérique ;
- Et poursuivre les réformes institutionnelles.

Le programmes national de développement (PND) 2018-2022 reflète ces préoccupations à travers ses différents piliers, et constitue un cadre d'opérationnalisation de cette vision.

---

[6] Ministère du développement industriel et de la promotion du secteur privé politique d'appui à la diversification des ressources de croissance dans le secteur industriel, exposé du ministre Foire de pointe noire, juillet 2015.

F. LES ENGAGEMENTS INTERNATIONAUX

Le gouvernement entend faire du PND 2018-2022 un cadre intégrateur et fédérateur de ses engagements internationaux et régionaux. Il s'agit notamment :

- Des objectifs de développement durable (ODD) des Nations-Unies à l'horizon 2030 ;
- De l'Agenda 2063de l'Union africaine.
- Ainsi que du programme économique régional (P.E.R.) de la CEMAC.

1) Les objectifs de développement durable (ODD)

La République du Congo, de concert avec 192 autres Etats membres de l'Organisation des Nations Unies, a souscrit en 2000 à la déclaration du Millénaire pour convenir d'éradiquer la pauvreté, d'améliorer l'accès des populations les plus vulnérables à l'éducation, aux soins de santé, de promouvoir un environnement durable et d'intensifier le partenariat mondial pour le développement, c'est à travers l'accomplissement de huit objectifs du millénaire pour le développement (OMD) à l'horizon 2015[7].

A l'échéance, le bilan a révélé que, malgré quelques progrès, les objectifs fixés n'ont pu être atteints. Beaucoup d'efforts devront être déployés pour améliorer de façon significative les conditions de vie des peuples en général, et des congolais en particulier[8].

---

[7] Banque mondiale Républic of Congo-Brazzaville, investment climate policy note, droft reporst june 2018.
[8] SASSOU-N'GUESSO Denis, le chemin d'avenir de l'espérance à la prospérité 2009-2016, présidence de la république du Congo-Brazzaville, 2009.

Les défis majeurs de développement identifiés et transcrits dans les OMD, restent d'actualité et appellent un engagement et une détermination plus accrus[9]. C'est à cet effet que la communauté internationale a adopté en septembre 2015, à New-York, dix-sept objectifs de développement durable (ODD) dont l'entrée en vigueur a été effective et 1er janvier 2016. Le Congo, à l'instar des autres Etats, entend opérationnaliser ces engagements à travers le PNC. Dans cette perspective, le Gouvernement de la République du Congo a démarré un exercice d'appropriation nationale et de contextualisation des ODD, le 12 décembre 2016, avec le lancement officiel de l'Agenda 2030. Cet exercice, mené avec l'appui technique et financier du programme des Nations unies pour le Développement (PNUD), a permis d'identifier quatorze ODD prioritaires pour le PND 2018-2022.

2) L'Agenda 2063 de l'Union Africaine

Publié en Avril 2015 par la commission de l'Union Africaine, l'Agenda 2063 constitue un plan pour la transformation structurelle de l'Afrique pour les cinquante prochaines années, aux termes desquelles les pays africains auront accédé au statut de pays nantis.

L'Agenda 2063, énonce, par la voix des peuples d'Afrique et de sa diaspora, une vision Panafricaine durable pour une « Afrique intégrée, prospère et pacifique, dirigée par ses propres citoyens, et représentant une force dynamique sur la scène mondiale ».

---

[9] PUND Congo-Brazzaville, rapport national sur le développement humain différent numéro 2010-2018.

En vue d'opérationnaliser cette vision, un plan décennal 2013-2023 a été élaboré. Ce plan, le premier d'une série de cinq qui se succèderont pendant les 50 prochaines années, a été adopté par le Sommet des chefs d'Etat en juin 2015 comme base pour la préparation des programmes de développement à moyen terme des Etats membres de l'Union, des communautés économiques régionales et des organes de l'Union Africaine.

Le PND offre un cadre intégré de planification stratégique pour la prise en compte de l'agenda 2063 dans le plan d'action du gouvernement congolais.

3) L'intégration sous régionale[10]

Le Congo est membre de deux organisations d'intégration régionale en Afrique centrale. La première est la communauté Economique et monétaire de l'Afrique Centrale (CEMAC), créée en mars 1994. Elle comprend six Etats, à savoir le Cameroun, le Congo, le Gabon, la Guinée Equatoriale, la République Centrafricaine et le Tchad. Ces Etats partagent une monnaie commune ainsi qu'un tarif extérieur commun (TC).

La seconde est la communauté Economique des états de l'Afrique centrale (CEEAC), née en décembre 1981.

Malgré les déclarations et les protocoles signés pour doper le commerce intra régional au sein de la CEMAC, les résultats sont restés très en deçà des attentes. Comme indication, la part

---

[10] DZAKA KIKOUTA Théophile et MAYOUKOU Célestin, penser au développement du Congo-Brazzaville in Kiyoundoun Alain, communication pour le développement op.cit.

du commerce intra régional entre pays de la CEMAC ne dépasse pas 5% du commerce extérieur des pays membres.

Les exportations du Congo vers les pays de la CEMAC, essentiellement destinées au Gabon, ne représentent que 3% du commerce intra régional.

Cependant, les importations du Congo des autres pays de la CEMAC (43%) sont plus importantes et concernant principalement des produits agroalimentaires en provenance du Cameroun.

Dans le cadre de la CEEAC, les échanges commerciaux intracommunautaires sont très faibles et affichent une tendance à la baisse depuis plusieurs années.

Les Etats membres de la CEMAC sont conscients de cette situation et résolus à inverser les tendances et intensifier le commerce afin d'accélérer la croissance et la transformation des économies de la région.

C'est pourquoi, le Congo et ses voisins de la CEMAC ont adopté un ambitieux programme de transformation économique et sociale, à savoir le Programme Economique et Régionale (PER).

Le PER vise à « faire de la CEMAC en 2025 un espace économique intégré émergent où règnent la sécurité, la solidarité et la bonne gouvernance, au service du développement humain ».

Le PER constitue désormais le document de référence de l'action communautaire ; il indique comment, en approfondissant l'intégration régionale et la coopération sur les questions communautaires et transfrontalières, les états pourront compléter les plans nationaux et accélérer la transformation et la croissance économiques.

Pour ce faire, il est important que le programme communautaire soit bien reflété dans les plans de développement de chacun des Etats membres.

Un programme d'élaboration d'un PER-volet pays pour chaque Etat membre, a même été initié à cet effet. Pour sa part, le Congo entend rester fidèle à ses engagements communautaires et, à travers le PND 2018-2022, loger effectivement le PER dans son processus national de planification stratégique et opérationnelle.

> 4) *La transformation de l'économie : accent mis sur l'agriculture, le tourisme, l'industrie impulsés par le secteur privé*

Il est devenu impératif d'accélérer la diversification de l'économie et de réduire les importations pour économiser les devises.

En cela, l'agriculture et la forêt constituent des secteurs porteurs de croissance, où le Congo a des atouts compétitifs indéniables, et qui sont en mesure de générer des revenus pour une grande partie de la population, notamment dans le monde rural et parmi les femmes.

La croissance de ces secteurs permettrait non seulement de réduire la pauvreté, mais aussi d'économiser des devises en réduisant les importations (cas des produits alimentaires) ou d'en générer (cas des produits de rente).

Ainsi, le développement de ces secteurs renforcerait la position extérieur, et donc la monnaie permettrait d'accroître la résilience de l'économie congolaise, d'améliorer la stabilité des ressources budgétaires et donc des dépenses stratégiques, et grâce à cela, de renforcer la capacité du gouvernement à poursuivre la mise en œuvre du PND de façon plus soutenue. Elle permettrait aussi d'accélérer la croissance inclusive, de créer des emplois, de réduire la pauvreté, notamment dans le monde rural, et de renforcer la souveraineté alimentaire du Congo.

En d'autres termes, s'engager résolument dans la diversification autour de ces secteurs permettrait au Congo de réaliser des progrès importants vers l'atteinte des ODD principaux dont la croissance du revenu par tête, la réduction du sous-emploi et de la pauvreté monétaire, le renforcement de la sécurité alimentaire et l'inclusion économique des pauvres et des femmes, notamment en zone rurale.

Le rôle du secteur privé

L'accent mis sur la diversification signifie aussi une attention accrue en faveur des opérateurs privés en tant que véritables acteurs de la transformation. Cela signifie aussi un recentrage du rôle de l'Etat . A travers le PND, l'état congolais s'est résolu à faire du secteur privé le vrai acteur de la diversification et la transformation de l'économie.

Dans cette perspective, l'Etat entend, à travers les réformes, rendre l'espace économique compétitif et le climat des affaires attractif afin d'encourager privée nationale et internationale.

L'Etat se retire des activités de production de biens et services pour se concentrer sur la provision adéquate des facteurs de production – capital humain, infrastructures principalement, ainsi que les services publics, les politiques commerciales, celles de renforcement du cadre des affaires, et sur la gouvernance.

C'est pourquoi, dans le PND 2018-2022 l'essentiel de la stratégie de transformation de l'économie repose directement sur le secteur privé.

L'économie repose directement sur le secteur privé et du climat des affaires des sous-axes stratégiques essentiels pour accompagner la diversification de l'économie.

5) *La gouvernance économique*
- Diagnostic

Il faudra une amélioration concertée de la gouvernance économique dans toutes ses composantes, à savoir :

> o La gestion macroéconomique et des finances publiques ;
> o La gestion des entreprises publiques ;
> o Et la promotion du secteur privé.

Conscient des faiblesses relevées, le gouvernement est résolu à :

- o Renforcer ses politique macroéconomiques afin d'éviter les crises et l'instabilité macroéconomique ;
  - o Réformer les entreprises publiques afin d'améliorer les services et réduire leur poids sur les ressources publiques.
  - o Et renforcer le cadre des affaires pour le rendre plus motivant pour l'entreprise privée.
- Stratégie et programmes majeurs
  - o Renforcer les politiques macroéconomiques

Le gouvernement entend poursuivre une politique permettant la stabilité macroéconomique à moyen terme (croissance économique soutenue, inflation, maitrisée, déficit budgétaire maitrisé et endettement soutenable).

- o Mener une politique résolue de constitution d'épargne budgétaire.

Le gouvernement entend mener une politique budgétaire mettant en place des mécanismes de constitution et de gestion des réserves budgétaires afin de renforcer la stabilité macroéconomique.

- o Renforcer l'ancrage budgétaire

Le gouvernement entend ancrer les dépenses les plus incompressibles, notamment les dépenses de fonctionnement sur les ressources les plus stables notamment les recettes fiscales ; cela permet au gouvernement d'assurer la stabilité du budget. Le gouvernement vise un taux de prélèvement fiscal de l'ordre de 33%, ce qui signifie que les dépenses courantes devraient être plafonnées autour de 33% du PIB hors pétrole.

- Renforcer la planification stratégique et les capacités d'exécution

Le gouvernement entend améliorer la planification stratégique. Il s'agira de :

- o Disposer de politique sectorielles ;
- o Réaliser les revues du PND,
- o Réaliser les études préalables de faisabilité pour tout projet à inscrire au budget d'investissement ;
- o Réaliser les opérations statistiques de base ;
- o Respecter les engagements économiques internationaux, régionaux et sous régionaux.

Le gouvernement entend suivre la mise en œuvre de la diversification économiques sur base notamment des domaines de concentration que sont, l'agriculture au sens large, le tourisme et les industries de sorte que tous les secteurs contribuent substantiellement à la formation du produit intérieur brut.

- Promouvoir la qualité des investissements publics.

Cela constitue un instrument par lequel l'Etat offre un environnement propice au développement des activités lucratives et stimule l'investissement privé. Entre 2012 et 2016, le Congo à réaliser d'importants investissements qui ont amélioré de façon substantielle son patrimoine infrastructurel.

Le gouvernement entend cibler son intervention en maintenant en capacité opérationnelle les investissements existants.

- Améliorer le système fiscal.

Il s'agit d'accroître le rendement des administrations fiscales. L'objectif est, d'une part d'explorer de nouvelles niches fiscales tout en respectant le critère de convergence communautaire de 21% du PIB et, d'autre part, d'assurer une meilleure sécurisation des recettes fiscales.

La stratégie fiscale vise donc à diversifier les sources de la fiscalité grâce notamment au produit attendu et l'augmentation de la part du secteur hors pétrole dans l'économie nationale en vue d'atteindre une contribution de 15% au PIB en 2012.

En somme, la promotion d'une fiscalité de développement sera un des principaux leviers d'accroissement des ressources au budget de l'Etat.

- Promouvoir le secteur privé pour l'émergence de grands groupes congolais.

Le gouvernement va œuvrer en faveur de l'éclosion et du raffermissement d'une élite économique, constituée de capacité de capitaines d'industries, investie dans la production, la transformation et l'économie numérique qui offre des gisements d'opportunités pour l'expression des talents.

Le secteur de l'artisanat mieux structuré peut servir de pôle d'émergence du secteur privé congolais.

II. *LES PERSPECTIVES MACROECONOMIQUES 2018-2022.*

1) La croissance, l'inflation et la stabilité macroéconomique

Ai niveau social, les développements vont être empreints des évolutions à la fois des revenus (pétrolier et non-pétrolier) et des dépenses publiques.

La croissance des revenus reste insuffisante pour insuffler un recul de la pauvreté et une nette amélioration des conditions de vie des populations.

En effet, avec une croissance de la population de l'ordre de 2,6% par an, la croissance économique réelle de 1% en moyenne par an sur la période 2018-2022 se traduira par un recul du revenu réel par habitant de l'ordre d'un point et demi par an. Ce qui, au lieu d'une amélioration des conditions de vie des populations, se manifestera, bien au contraire, par une dégradation.

Toutes, les effets sur les populations seront plus contenus du fait que les contreperformances sont surtout inhérentes à la production pétrolière.

Le secteur non pétrolier, plus ancré dans le développement social affichera une hausse au-dessus de 2,5% à partir de 2021 et atteindra 4% à l'horizon 2022, ce qui signifie un retour à l'amélioration des revenus réels par tête.

2) L'emploi

Bien qu'à défaut de données, l'emploi n'est pas projeté par les outils utilisés, l'on s'attend à une évolution de l'emploi en conformité avec les performances dans les activités non pétrolière.

Ainsi, la croissance moyenne de 1,3% qui sera enregistrée sur la période au niveau du PIB non pétrolier s'accompagnera d'une création d'emplois.

De plus cette croissance sera portée par le secteur agricole et le développement des services connexes aux activités touristiques (hôtellerie, transport, restaurant) qui sont très consommateurs de main d'œuvre.

Il s'en suivrait alors une réduction du chômage.

3) *La réduction de la pauvreté*

Sur la période de mise en œuvre du PND, compte tenu de la faiblesse de la croissance résultant à la fois des contraintes budgétaires qui limitent les interventions de l'Etat et des contractions de revenus inhérente aux contreperformances du secteur pétrolier, le taux de pauvreté estimé à 35% en 2016 devrait connaître une légère hausse de l'ordre d'un point sur la période.

Cette augmentation est atténuée par le fait que le Gouvernement a inscrit au titre de ces priorités au cours de la période 2018-2022, les actions contribuent au bien-être des populations, notamment.

- Le développement de la production agricole qui a un important effet d'entrainement sur les revenus ruraux et une réduction des coûts de certains produits locaux de grande consommation.
- L'accentuation des efforts dans l'éducation et le développement social ;
- L'amélioration des services d'infrastructures qui contribueront à la baisse des prix de certains services essentiels (eau, électricité, transport) ;
- Et les efforts pour sauvegarder les coûts salariaux dans la fonction publique malgré la baisse des dépenses publiques.

4) Le développement humain

Au niveau du développement humain, malgré les efforts qui seront consentis par le gouvernement pour accroître les moyens y consacrés, du fait des marges budgétaires déjà très réduites, il sera difficile d'enregistrer des résultats probants[11].

Tout au moins, en inscrivant ces secteurs au titre de ses priorités, le Gouvernement va limiter la dégradation de la situation sociale entamée depuis 2014 avec la baisse des revenus.

Au niveau de la santé par contre, les efforts consentis par le gouvernement depuis plusieurs années, avec l'amélioration du plateau technique et l'augmentation de l'offre de soins,

---

[11] PNUD, Rapport mondial sur le développement humain 2017.

devraient porter quelques résultats. En effet, dans ce secteur, beaucoup de grands investissements ont été faits.

Les efforts vont maintenant porter sur l'opérationnalisation de certains investissements à travers des activités d'achèvement.

Comme résultats, le taux de mortalité infanto-juvénile estimé à 68 pour 1000 naissances vivantes affichera une amélioration.

II.1. LES RISQUES

Le profil de l'économie congolaise tel que décrit est le reflet d'hypothèses formulées autour des ajustements sur les dépenses dans le souci du rééquilibrage budgétaire, de la mise en œuvre rigoureuse de réformes et de plans d'actions au niveau des régies financières qui permettront de faire des gains importants de performances, ce qui se traduit par une nette amélioration du taux de pression fiscale. Il est également le reflet de la mise en œuvre rigoureuse de réformes visant à améliorer fortement la qualité des dépenses publiques, notamment des investissements publics pour accroître leur impact sur la croissance économique ; ainsi que d'autres réformes plus générales qui contribueront à améliorer le climat des affaires pour plus d'investissements privés.

Il découle de ses hypothèses une croissance du PIB hors pétrole qui atteindrait 4% à l'horizon 2022. Toutefois, si les coupes budgétaires (profil des dépenses) peuvent être obtenue par simple décision des autorités budgétaires, la mise en œuvre de réformes nécessite du temps et rencontre souvent de la résistance.

Outre la capacité du pays à conduire les réformes, les hypothèses restent tributaires de la rigueur dans la mise en œuvre du PND 2018-2022 et des programmes clés d'une part, et de l'évolution de l'environnement économique international et de la situation sociopolitique interne d'autre part.

En tout état de cause, tout changement notable dans l'évolution de ses principales hypothèses pourrait avoir un impact sur le taux de croissance, l'évolution des finances publiques, les développements sociaux (la réduction de la pauvreté ainsi que les autres indicateurs sociaux)[12].

C'est pourquoi, le gouvernement doit déploie les efforts nécessaires pour respecter les priorités définies. Dans cette optique, les autorités sont appeler à mettre en œuvre un package minimum de mesures et actions visant à accroître la mobilisation des ressources.

Les efforts porteront en particulier sur les ressources non pétrolières pour compenser en partie le faible niveau des ressources pétroliers, mais également les actions de suivi de la mobilisation renforcées pour mobiliser le maximum des ressources pétrolières, mais également les actions de suivi de la mobilisation des ressources pétrolières seront également renforcées pour mobiliser le maximum de ressources possibles,

---

[12] NIAMA Michel, analyse de l'impact des réformes économiques sur l'emploi au Congo-Brazzaville (1980-2015), Roneo, VERPOD, Brazzaville, Novembre 2011.

malgré la baisse du niveau de la production et le maintien des prix à des niveaux bas.

Par ailleurs, il veillera à plus de rigueur dans l'affectation des ressources mobilisées en référence aux priorités définies dans le PND pour :

- Soutenir le développement dans les secteurs de l'agriculture et du tourisme ;
- Améliorer les services d'infrastructures économiques et sociales (routes-électricité-eau-éduction-santé) ;
- Permettre la réalisation d'action visant à améliorer substantiellement la gouvernance économique et financière en vue d'inciter le secteur privé à plus d'investissements notamment le privé extérieur.

CONCLUSION GENERALE

Au terme de cette étude, il est possible de tirer quelques enseignements clefs sur la vulnérabilité de l'économie du Congo-Brazzaville et ses perspectives de diversification.

Cette étude aura permis en effet de mettre au clair la nature intrinsèque de l'économie du Congo-Brazzaville et les différentes facettes de sa fragilité héritées de l'ère coloniales et qui n'ont cessé de se renforcer au cours de la période postindépendance.

La vulnérabilité de l'économie du Congo-Brazzaville se caractérise par : l'étroitesse de la base de création de la richesse nationale fondée sur un modèle économique « mono productif », une croissance erratique propulsée par le secteur pétrolier, la volatilité des cours du produit d'exportation dominant, une incertitude dans maîtrise des moyens de paiement extérieurs du pays (dette et importations) qui dépendent des revenus non stables de ce secteur, une incertitude dans la maîtrise et la stabilisation des moyens d'action de l'Etat pour financer les investissements de développement requis, une dépendance (directe, indirecte) du secteur privé de « l'économie du pétrole », une faiblesse ou une inexistence d'un tissu économique porteur interne de la machine économique, un déséquilibre de la géographie économique et des réseaux des transports, un déséquilibre démographique et donc des ressources ou du capital humains, un déséquilibre et une faiblesse du marché interne.

Cette étude fourni au gouvernement et aux autres partie prenantes (secteur privé société civile, régions, districts), les éléments de base pour la formulation d'une stratégie de diversification et sa traduction en programme opérationnel ainsi que la diversité des composantes économiques, politiques et sociales.

Il est heureux de noter que conscient de ces problèmes et la nécessité de penser à l'après-pétrole, le gouvernement ait déjà esquissé une démarche de diversification de l'économie du Congo-Brazzaville dans le PND/DSCERP 2012-2016. Mais comptes tenu des faiblesses dans la démarche qui a conduit à la formulation de cette esquisse, cette dernière peut difficilement répondre aux fondamentaux de la multi dimensionnalité de la vulnérabilité telle qu'analysée dans cette étude.

BIBLIOGRAPHIE

1. Présidence de la République, Bilan (1960-2010) et perspective de développement économique social et culturel de la République du Congo-Brazzaville, juin 2011.

2. SASSOU-N'GUESSO Denis, le chemin d'avenir de l'espérance à la prospérité 2009-2016, présidence de la république du Congo-Brazzaville, 2009.

3. Ministère du plan et de l'aménagement du territoire économique et du NE-PAD, Schéma national d'Aménagement du territoire de la République du Congo-Brazzaville Août 2005.

4. Ministère du développement industriel et de la promotion du secteur privé politique d'appui à la diversification des ressources de croissance dans le secteur industriel, exposé du ministre Foire de pointe noire, juillet 2015.

5. Ministère de l'agriculture et de l'élevage, cadre opérationnel de mise en œuvre du programme national pour la sécurité alimentaire (PNSA) 2015-2016, Brazzaville, 2016, stratégie.

6. PNUD, Rapport mondial sur le développement humain 2017.

7. PUND Congo-Brazzaville, rapport national sur le développement humain différent numéro 2010-2018.

8. Banque mondiale Républic of Congo-Brazzaville, investment climate policy note, droft reporst june 2018.

9. PIDIKA MUKAWA Didier et TCHOUASSI Gérard (édit) Afrique Central, crise économiques et mécanismes de suivie, CODESRIA, Dakar 2015.

10. KIYINDOU Alain (Edit), communication pour le développement : Analyse critique des dispositifs et pratiques professionnels au Congo-Brazzaville, EME, Fernelmont, 2018.

11. DZAKA KIKOUTA Théophile et MAYOUKOU Célestin, penser au développement du Congo-Brazzaville in Kiyoundoun Alain, communication pour le développement op.cit.

12. NIAMA Michel, analyse de l'impact des réformes économiques sur l'emploi au Congo-Brazzaville (1980-2015), Roneo, VERPOD, Brazzaville, Novembre 2011.